ISRAEL Y LOS PALESTINOS

PAIDEIA
PRESS

ISRAEL Y LOS PALESTINOS

WILLEM J. OUWENEEL

*Traducido y editado por Steven R. Martins
y Juan Esteban Clavijo*

www.paideiapress.ca

Israel y los Palestinos, por Willem J. Ouweneel
Traducido y editado por Steven R. Martins y Juan Esteban Clavijo

Una publicación de Paideia Press (3248 Twenty First St., Jordan Station, Ontario, Canadá L0R 1S0).

© 2023 por Paideia Press. Todos los derechos reservados.

Escrituras tomadas de la Nueva Biblia de las Américas (NBLA), Copyright © 2005 por The Lockman Foundation. Usadas con permiso. www.NuevaBiblia.com

Todos los derechos reservados. Excepto por citas breves en publicaciones críticas o reseñas, ninguna parte de este libro puede ser reproducida de ninguna manera sin permiso escrito previo de Paideia Press en la dirección mencionada.

Arte de la portada y diseño del libro por Steven R. Martins

ISBN 978-0-88815-346-3

Impreso en los Estados Unidos de América

Contenido

Prefacio | **7**
Tesis 1 | **9**
Tesis 2 | **13**
Tesis 3 | **17**
Tesis 4 | **21**
Tesis 5 | **23**
Tesis 6 | **27**
Tesis 7 | **29**
Tesis 8 | **31**
Tesis 9 | **35**
Tesis 10 | **39**
Tesis 11 | **41**
Tesis 12 | **45**
Tesis 13 | **49**
Tesis 14 | **53**
Tesis 15 | **57**
Tesis 16 | **61**
Tesis 17 | **65**
Tesis 18 | **67**
Tesis 19 | **69**
Tesis 20 | **71**
Epílogo | **75**

PREFACIO

La discusión sobre el conflicto palestino-israelí ha vuelto a encenderse en todas partes debido a la guerra en Israel y Gaza que estalló el 7 de octubre de 2023. Por un lado, en nuestro país, los parlamentarios "progresistas" abogan por los empobrecidos palestinos, y los teólogos "modernos" protestan con un manifiesto lo que consideran políticas israelíes objetables. Por otro lado, muchos cristianos enfatizan la "promesa de tierra" bíblica para el pueblo de Israel y defienden el derecho del estado de Israel a defenderse. Aún así, otros están perplejos ante la extraordinaria complejidad del problema.

El debate actual es una buena oportunidad para intentar aclarar las relaciones entre judíos y árabes basándose en veinte declaraciones.

Extendemos nuestro agradecimiento al sitio web cvandaag.nl, donde se publicó previamente una gran parte de estas tesis (aunque sin las explicaciones proporcionadas a continuación). Me complace recomendar este sitio web cristiano para noticias y discusiones sobre Israel y el conflicto israelí-palestino.

También agradezco al Dr. Perry Pierik de Aspekt

Publishing, quien propuso que compilara las tesis previamente publicadas en un pequeño folleto.

Dr. Willem J. Ouweneel
(profesor retirado de teología sistemática)
Loerik (cerca de Houten, Países Bajos)
4 de noviembre de 2023 (exactamente cuatro semanas después del inicio de la guerra entre Israel y Hamás)

TESIS 1

La palabra "palestino" significa un residente de Palestina, independientemente de su origen. Hasta la década de 1950, los residentes judíos de Palestina también eran llamados "palestinos". Por el contrario, los "árabes" de la actualidad (tanto dentro como fuera de Palestina) tienen poca conexión étnica e histórica entre ellos; de hecho, solo comparten una cosa: la lengua árabe. Nunca ha existido un "pueblo palestino" como una entidad étnica separada.

Explicación: La palabra "Palestina" es una adaptación griega (*Palaistinē*) y luego romana (*Palaestina*) de la palabra "Filistea". El nombre árabe para "Palestina" es *Filistin* (o *Falastin*), una palabra que se puede rastrear hasta el antiguo término bíblico *F'listim*, que significa "filisteos". El término "Palestina" fue introducido por los romanos a partir del año 70 d.C. (el año de la destrucción de Jerusalén y del templo judío) y especialmente después del año 135 (el año en que los romanos sofocaron la revuelta judía de Shimon Bar Kochba). Los romanos creían que cuando los judíos fueron en su mayoría expulsados de la "Tierra Santa" o "la tierra de Israel", debería llamarse

"Palestina" para borrar la memoria de los judíos. A partir de entonces, los habitantes de esa tierra fueron llamados "palestinos", completamente independientemente de si eran de origen romano, griego, turco, armenio, judío o árabe.

Antes de la Segunda Guerra Mundial, incluso los judíos que se habían establecido en la Tierra Santa para reconstruir esa tierra descuidada se referían naturalmente a sí mismos como "palestinos", residentes de la tierra de Palestina. Había judíos estadounidenses, judíos europeos, judíos africanos y judíos palestinos. Incluso la carta de la OLP (la Organización para la Liberación de Palestina; ver Tesis 3) afirma que los judíos que viven en Palestina son "palestinos". Bajo el Mandato Británico (ver Tesis 3), los judíos tenían una "P" en sus pasaportes y de hecho se les llamaba "palestinos".

Al utilizar el término exclusivamente para los actuales residentes *árabes* de Palestina, se desvía inmediatamente a individuos desinformados. Este uso retrata a los palestinos árabes como los verdaderos palestinos y sugiere (falsamente) que Palestina pertenece a los palestinos árabes y solo a ellos. Supuestamente, los judíos no tienen lugar allí, ya que no son palestinos. Toda esta línea de pensamiento se basa en el engaño (en gran medida, un engaño *deliberado*, podría agregar).

Se podría expresar de la siguiente manera: históricamente, no hay conflicto entre judíos y palestinos. Sin embargo, hay un conflicto entre judíos palestinos y árabes palestinos. Este es un conflicto político y legal, pero, lo más importante, es un conflicto religioso, como veremos. Aquellos que no tienen una comprensión clara de varios hechos históricos sobre este problema se vuelven irremediablemente confundidos. Por lo tanto, intentemos organizar estos hechos.

TESIS 2

Personas de habla árabe (tanto musulmanes como cristianos) han vivido en Palestina durante muchos siglos. Sin embargo, los judíos también han vivido allí durante siglos, y en algunas épocas y lugares, había más judíos que árabes en la tierra. Por lo tanto, es incorrecto afirmar que la tierra de Palestina pertenece exclusivamente a los palestinos árabes (especialmente a los musulmanes).

Explicación: Es un grave error afirmar que los palestinos de habla árabe han estado viviendo en Palestina durante siglos, y que los judíos son intrusos recientes. Nada podría estar más lejos de la verdad. *Ha habido judíos viviendo en la Tierra Santa prácticamente de manera continua desde la llegada de Israel bajo el liderazgo de Moisés* (hace unos 3,200 a 3,400 años). Los asirios deportaron a las diez tribus de Israel al exilio, y los babilonios hicieron lo mismo con las dos tribus restantes (el reino de Judá), pero los judíos regresaron. Los romanos los expulsaron, pero siempre quedaron judíos, o regresaban tenazmente. ¡Incluso los cruzados (cristianos!) hicieron todo lo posible por expulsar a los judíos, pero estos regresaron! ¿A dónde más podrían ir en un mundo (islámico o cristiano) tan hostil hacia ellos? La Tierra Santa tradicionalmente había sido su refugio seguro dado por Dios, y sigue siendo su patria hasta el día de hoy. Incluso los judíos que han permanecido en las Américas o en Europa (o en otros lugares) generalmente admitirán fácilmente que la tierra de Israel es su verdadera patria. Un judío que viaja a Israel no está "visitando"; están "volviendo a casa", incluso si sus ancestros dejaron la tierra hace siglos.

Durante siglos, los judíos han estado ubicados principalmente en las cuatro ciudades sagradas de Israel:

- *Jerusalén* (la antigua ciudad amurallada donde oraban a Dios en el llamado "Muro Occidental", el último vestigio del antiguo complejo del templo).
- *Hebrón* (donde los judíos oraban en las tumbas de los patriarcas judíos: Abraham y Sara, Isaac y Rebeca, Jacob y Lea).
- *Tiberias* (donde se produjo la Mishná, el comentario rabínico sobre la Torá, y la llamada Gemara palestina [comentario sobre la Mishná]).
- *Safed* (ahora llamada Tsfat), donde los "cabalistas" judíos (místicos) han formado una gran comunidad durante siglos.

En resumen: Israel ha vivido en la Tierra Santa durante miles de años, y Jerusalén ha sido su ciudad más sagrada durante milenios porque allí se encontraban el primer y segundo templo. El pueblo de Israel nunca ha sido completamente absorbido por el mundo de las naciones, y nadie ha logrado erradicar completamente a Israel, a pesar de numerosos intentos. El hecho de que Israel haya logrado preservar su identidad se debe principalmente a que ha mantenido su identidad religiosa (la Torá, la circuncisión, el sábado y las festividades judías, y las leyes dietéticas) a lo largo de las edades.

Durante siglos, una parte de los judíos ha residido en la Tierra Santa. Durante más de un siglo, otra parte significativa de Israel ha regresado a esa tierra. Ningún poder en el mundo ha logrado expulsar permanentemente a todos los judíos de la Tierra Santa, y eso tampoco ocurrirá ahora.

También es notable *que ha habido más judíos que musulmanes viviendo en Jerusalén durante mucho tiempo*: en 1860, había 11,000 judíos en comparación con 6,500 musulmanes, y en 1906, había 40,000 judíos en comparación con 7,000 musulmanes. Jerusalén siempre ha sido más una ciudad judía que árabe en todo momento. Por lo tanto, los palestinos no pueden reclamar ningún "derecho" sobre (la antigua) Jerusalén porque la ciudad nunca ha estado en su posesión, y mucho menos ha sido su capital. Mientras que puede ser la tercera ciudad más santa para los musulmanes (ver Tesis 11), es la ciudad más santa y primordial para los judíos (y en cierta medida, también para los cristianos, ya que Jesucristo fue crucificado, enterrado, resucitado y ascendió al cielo allí).

TESIS 3

A lo largo de todos esos siglos, nunca ha existido tal cosa como un "estado palestino". Solo había judíos palestinos y árabes palestinos bajo el dominio mameluco (hasta 1517), bajo el dominio turco (hasta 1920), bajo el dominio británico (hasta 1948) y bajo el dominio jordano (hasta 1967). Además, los "palestinos" en la Franja de Gaza tenían nacionalidad egipcia, y aquellos en los Altos del Golán tenían nacionalidad siria.

Explicación: Durante muchos siglos, no ha habido un estado independiente en la Tierra Santa, ni un estado judío ni un estado árabe. En 1291, los mamelucos (soldados esclavos turco-europeos, *no* árabes) expulsaron a los últimos cruzados de la Tierra Santa y establecieron un imperio en el Medio Oriente que se extendía desde el este de Turquía hasta Siria, incluida Palestina. En 1517, el Imperio Otomano (turcos gobernados por la dinastía otomana) derrotó a los mamelucos. Ahora los turcos estaban a cargo, incluso en Palestina, lo que duró asombrosamente cuatrocientos años.

Durante la Primera Guerra Mundial, los británicos capturaron Jerusalén (1917), y a partir de 1920, Palestina fue parte del llamado Mandato Británico. El "mandato" fue confiado a los británicos por las Naciones Unidas para administrar temporalmente Palestina y Mesopotamia (la actual Iraq), de la misma manera que los franceses recibieron un "mandato" similar para Siria y Líbano.

Un "estado palestino", es decir, un estado árabe dentro de los límites de la antigua Palestina, nunca ha existido. Eso habría sido difícil de lograr ya que los judíos habían vivido en esa misma área durante siglos, incluso siglos antes que los árabes. El único "estado palestino" real que existió fue el (judío) *Reino de Israel* bajo los reyes David y Salomón (más tarde dividido en los reinos de las diez tribus del norte y las dos tribus del sur).

Bajo el Mandato Británico (que terminó el 15 de mayo de 1948), muchos judíos emigraron a Palestina, principalmente entre las dos guerras mundiales. Estos judíos ayudaron a cultivar la tierra en Palestina, una tierra que había sido completamente descuidada por los árabes durante siglos. Este notable desarrollo cultural también atrajo a trabajadores invitados de países vecinos, quienes aprendieron árabe en Palestina y así se integraron en la comunidad árabe "palestina". Sin embargo, estas personas no eran descendientes de los antiguos beduinos. Personalmente he conocido a "palestinos" de origen griego, armenio y egipcio.

No es relevante argumentar que también había judíos polacos, holandeses y estadounidenses que se mudaron a Palestina, porque todo lo que tenían en común estos inmigrantes era su *identidad judía*. Los (cristianos o musulmanes) griegos, armenios y egipcios que se establecieron en Palestina para ganarse la vida no tenían nada en común, excepto el deseo de una vida mejor y la adquisición del árabe, lo que les permitió unirse a los "palestinos" árabes. Pero hablar de una "nación palestina" antigua es simplemente una falsificación histórica. Los árabes en Palestina, la mayoría de los cuales eran musulmanes, se consideraban parte de toda la comunidad árabe musulmana en el Medio Oriente. Sin embargo, la idea de un "pueblo palestino" como entidad separada entre el río Jordán y el mar Mediterráneo es una invención reciente. El nacionalismo palestino surgió solo después del establecimiento del Estado de Israel, y especialmente después de la Guerra de los Seis Días, en gran parte gracias a Yasser Arafat (1929-2004), líder de la OLP (Organización para la Liberación de Palestina).

Incluso el propio término, Organización para la *Liberación*, ha engañado a muchos. ¿Se suponía que los palestinos árabes debían ser "liberados"? ¿De qué? ¿Y por quién? La historia ha mostrado el propósito del término: la tierra de Palestina necesitaba ser "liberada" de todos los judíos. Hoy en día, a menudo escuchamos el grito: *Desde el río hasta el mar, Palestina debe ser libre,* lo que significa que todos los judíos deben ser expulsados (o mejor aún, asesinados) de la tierra, solo entonces Palestina será verdaderamente "liberada". Es algo así como fumigar una casa para eliminar una infestación de mosquitos.

TESIS 4

Por lo tanto, es un sinsentido histórico afirmar que los israelíes ocuparon "territorio palestino" en 1967. Lo que hicieron fue esencialmente ocupar el territorio ex-turco/ex-británico/ex-jordano, donde tanto judíos palestinos como árabes palestinos habían vivido durante siglos, en legítima defensa. La tierra propiedad de árabes en esa área debía ser respetada por los israelíes, de la misma manera en que los árabes debían respetar la tierra adquirida por los judíos.

Explicación: Aquí también es necesario prestar atención al uso confuso de las palabras "Palestina" y "palestino". Palestina es la antigua tierra de Israel, la Tierra Santa. El actual estado de Israel está ubicado en Palestina. Cisjordania está ubicada en Palestina. La Franja de Gaza está ubicada en Palestina. Y sobre esta Palestina, judíos, romanos, cruzados, mamelucos, turcos y británicos han gobernado, *pero nunca los árabes palestinos*. Israel no es el "ocupante" del "territorio palestino"; son los árabes palestinos quienes "ocupan" áreas donde israelitas, romanos, cruzados, mamelucos, turcos y británicos, y entre 1948 y 1967 también jordanos, gobernaron durante siglos, pero nunca los árabes palestinos. No hay base histórica, legal o teológica para afirmar que Israel "ocupó" tierras pertenecientes a "árabes palestinos" durante la Guerra de los Seis Días en 1967. Estas son áreas donde judíos y árabes han vivido durante siglos y han estado bajo dominio extranjero durante siglos.

Hablando de "ocupación", nunca se menciona que durante la guerra de 1948-1949 (la guerra de los países árabes vecinos contra Israel), Jordania anexó Cisjordania, aunque ese territorio había sido asignado a los árabes palestinos en 1947 (ver la siguiente Tesis). Jordania controlaba estrictamente a los residentes de Cisjordania (incluso se les negaba el derecho al voto), y Egipto mantenía el control militar sobre la Franja de Gaza.

Se lamenta mucho sobre Israel supuestamente manteniendo la Cisjordania "ocupada" durante 56 años (que históricamente había sido su tierra), pero nunca he oído hablar de protestas internacionales contra los jordanos que ocuparon ese mismo territorio entre 1948 y 1967 y sometieron a sus habitantes a una represión más severa. Sin embargo, también eran árabes, y no fue tan importante, siempre y cuando no fueran judíos estableciéndose en la Cisjordania.

TESIS 5

Es un sinsentido histórico alegar que los israelíes han impedido consistentemente el establecimiento de un estado palestino. Tras la decisión de las Naciones Unidas (29 de noviembre de 1947), no solo los judíos establecieron su propio estado, sino que los árabes también podrían haber establecido inmediatamente su propio estado en su territorio asignado, al igual que lo hicieron los judíos en el suyo (mayo de 1948). Bajo una presión significativa de los países árabes circundantes (que creían que el estado de Israel sería destruido rápidamente), optaron por no hacerlo, y muchos pueden lamentar esa decisión hasta el día de hoy.

Explicación: Durante el "Mandato Británico" (1920-1948), los líderes británicos estaban en su mayoría inclinados hacia los árabes; simplemente había muchos más de ellos en el Medio Oriente que judíos, y esos árabes tenían ricas reservas de petróleo en varios países. Sin embargo, en Palestina, los judíos crecían tanto en número como en fuerza militar, y se volvían cada vez más un obstáculo para los británicos, mientras que los árabes palestinos también se volvían más vocales. Como resultado, los británicos llevaron la complicada "cuestión palestina" a las Naciones Unidas. Una comisión independiente de la ONU creó un plan de partición y lo presentó a la Asamblea General de la ONU. En este plan, a Israel se le asignó una parte (Galilea, Palestina Occidental, Palestina Meridional), y a los (árabes) palestinos se les asignó otra parte (la antigua Judea y Samaria en la "Cisjordania", la franja a lo largo de la orilla occidental del río Jordán, incluida la antigua Jerusalén, que también tendría una especie de "estatus internacional" debido a su importancia para judíos y cristianos).

Hubo una inmensa expectación entre judíos y cristianos en todo el mundo. ¿Realmente sucedería? ¿Se les concedería a los judíos su propio territorio en la Tierra Santa nuevamente? El 29 de noviembre de 1947, la Asamblea General adoptó esta propuesta con 33 votos a favor, 13 en contra y 10 abstenciones. Hubo regocijo entre los judíos y entre aquellos cristianos que creían en la promesa bíblica de la tierra para Israel en los últimos tiempos (el tiempo justo antes de la aparición del Mesías). ¡Las profecías se estaban cumpliendo! (Los "teólogos del reemplazo" [ver Tesis 16], sin embargo, aseguraron a los cristianos que el establecimiento del estado de Israel tenía tan poco que ver con las profecías bíblicas como el establecimiento del estado de Bélgica en 1830).

Lo que la gente hoy aparentemente quisiera olvidar es que los judíos palestinos aceptaron este plan de partición, aunque tuvieron que renunciar a una gran parte de la Tierra Santa, incluida la antigua Jerusalén (junto con el Muro de los Lamentos y el Monte del Templo). *En ese momento, los judíos no se habrían opuesto si los árabes palestinos en su área asignada hubieran establecido su propio estado.* Sin embargo, mientras los judíos declararon efectivamente el "estado de Israel" el 14 de mayo de 1948, un día antes de la expiración del "Mandato Británico", bajo el liderazgo de David Ben-Gurion y Chaim Weizmann, los árabes palestinos se negaron firmemente a establecer su propio estado.

Su negativa se debió en parte a una fuerte presión de los países árabes circundantes. La razón era simple: *los árabes* (tanto dentro de la Tierra Santa como más allá) *querían toda la tierra.* En 1947/48, los judíos se conformaron con una parte limitada, mientras que los árabes la querían toda. Como resultado, lanzaron de inmediato un abrumador ataque contra el recién formado estado de Israel y perdieron esa guerra, conocida como la Guerra de Independencia de Israel (1948-1949). Israel retuvo su territorio recién adquirido, pero debido a sus propias acciones, los árabes palestinos terminaron sin nada. A menudo en la vida, aquellos que quieren todo a veces terminan con nada.

TESIS 6

En 1948, muchos árabes abandonaron la zona que incluía el estado de Israel desde el 14 de mayo de ese año. Los judíos pueden haber tenido un papel en asustarlos para que se fueran, pero fueron igualmente los países circundantes los que asustaron a los árabes palestinos. Además, estos países aseguraron a los árabes palestinos que su partida sería solo temporal, porque después de derrotar al estado de Israel, podrían regresar a sus hogares. Eso resultó ser un error masivo.

Explicación: No es fácil determinar quién o qué fue principalmente responsable de que alrededor de 700,000 habitantes árabes del recién establecido estado de Israel abandonaran sus hogares y huyeran a los países árabes circundantes (donde sus descendientes a menudo aún residen en "campos de refugiados" bajo falsas promesas de que algún día se les permitirá regresar a su tierra ancestral). En parte, los propios judíos pueden haber contribuido a esta partida árabe intimidándolos. Pero también fueron los países árabes circundantes los que ejercieron presión sobre los habitantes árabes en el estado de Israel para que se fueran. Se suponía que la guerra sería breve, los judíos serían expulsados al mar, y luego toda Palestina "una vez más" pertenecería a los árabes palestinos, permitiendo a los árabes desplazados regresar a sus hogares.

Observa la palabra "nuevamente" en la oración anterior, que se remonta a una de las muchas falsedades en toda esta narrativa. *Los árabes palestinos nunca habían sido dueños de toda la tierra de Palestina.*

En 1948-1949, los árabes palestinos tampoco recuperaron la tierra. Israel ganó la Guerra de Independencia, y los árabes que habían huido o sus descendientes nunca tuvieron la oportunidad de regresar a casa. Algunas de las críticas recaen legítimamente en Israel (incluso los llamados "Nuevos Historiadores" de Israel han reconocido que muchos árabes huyeron debido a acciones de judíos), pero una parte significativa de la culpa es completamente injusta. Los árabes que huyeron o sus descendientes podrían dirigir mejor sus quejas hacia los países árabes circundantes, que nunca cumplieron sus promesas y nunca tuvieron la intención de integrar a los árabes palestinos de los campos de refugiados en sus propias sociedades. La opresión más severa de los árabes palestinos ocurre en estos países.

TESIS 7

De hecho, mientras cientos de miles de árabes huían del recién establecido estado de Israel (y fueron colocados en campos de refugiados hasta el día de hoy), también había cientos de miles de judíos que fueron expulsados de los países árabes circundantes (y encontraron un nuevo y libre hogar en el nuevo estado de Israel).

Explicación: Parece que alrededor de 700,000 árabes huyeron del estado de Israel. Sin embargo, lo que los opositores de Israel generalmente no mencionan es que *alrededor de 850,000 judíos fueron expulsados de los países árabes circundantes.* Estos eran judíos cuyos ancestros a menudo habían vivido en esos países árabes durante siglos. Su lengua cotidiana era el árabe, su cultura era árabe. Habían vivido en relativa armonía con sus vecinos árabes, hasta que los ejércitos de los países donde vivían atacaron al recién establecido estado de Israel, y la ira de los árabes en esos países vecinos se volvió contra los judíos que habían estado en medio de ellos durante tantos siglos. ¿Por qué se enfatiza tan poco esto? ¿Por qué lamentar a los 700,000 árabes que huyeron y no a los

850,000 judíos que huyeron?

Para los árabes que huyeron de Israel, solo se reservaron campos de refugiados, y esto continúa hasta el día de hoy. Es algo que se puede esperar de personas afines a su pensamiento (árabes musulmanes). Para los judíos que huyeron de los países árabes vecinos, fue completamente diferente: fueron recibidos con los brazos abiertos en el estado de Israel, la tierra donde sus lejanos ancestros también habían vivido. Los hijos e hijas de estos judíos se unieron a las FDI (Fuerzas de Defensa de Israel, el Ejército de Defensa de Israel) y tuvieron que luchar contra los árabes en cuyo medio habían vivido sus ancestros, en 1956 (la Crisis de Suez o la Segunda Guerra Árabe-Israelí), en 1967 (Guerra de los Seis Días) y en 1973 (Guerra del Yom Kippur).

TESIS 8

Los árabes en el estado de Israel, aunque se les puede considerar *de facto* ciudadanos de segunda clase, por así decirlo, tienen condiciones económicas y políticas mucho mejores que los palestinos en los mencionados campos de refugiados y, de hecho, incluso mejores que los árabes en los países vecinos.

Explicación: Por supuesto, los árabes que aún viven en Israel e incluso tienen la nacionalidad israelí son, en cierto sentido, ciudadanos de segunda clase. Israel es explícitamente un estado *judío*. ¿Que así sea, por favor? Hay suficientes países árabes en el mundo, pero solo hay un estado judío. Solo hay un país en el mundo donde los judíos están verdaderamente a salvo de la discriminación y el antisemitismo, y ese es la tierra donde sus antepasados han vivido durante más de tres mil años: la tierra de Israel.

Pero eso no es todo: Israel también es el único país verdaderamente *democrático* en todo Oriente Medio, el único país donde existe una verdadera libertad de expresión. El islam y las libertades democráticas no van juntos. Pero he aquí: en el estado de Israel, los residentes árabes tienen los mismos derechos democráticos que los residentes judíos. Siempre ha habido uno o más partidos políticos árabes representados en el parlamento israelí, y también hay árabes que sirven como jueces en la Corte Suprema. De los más de 300 millones de árabes en Oriente Medio y África del Norte, menos de medio por ciento es verdaderamente libre, y todos viven en Israel. No hay país en esta parte del mundo donde los árabes puedan expresar sus opiniones tan libremente como en la tierra de Israel, incluida su posiblemente aguda crítica al gobierno.

No hay país en Oriente Medio donde los hablantes de árabe tengan tantos derechos como en la tierra de Israel. Incluso la llamada "Autoridad Palestina" en Cisjordania no es una democracia; no se han celebrado elecciones desde 2006, y Mahmoud Abbas (nacido en 1935) ha gobernado efectivamente durante décadas. En la Franja de Gaza, Hamas está a cargo; aquí, también, no hay democracia. Además, Hamas y la Autoridad Palestina son enemigos acérrimos entre sí. Es irónico decirlo, pero para Israel, el odio mutuo de los gobernantes palestinos es solo beneficioso.

En muchos países de Oriente Medio, el árabe promedio tiene un nivel económico de vida más bajo que en el estado de Israel. Antes de la guerra actual, miles de árabes de Gaza iban a Israel todos los días para ganar dinero para ellos y sus familias. Se beneficiaron de Israel mientras muchos de ellos lo maldecían al mismo tiempo.

Podría ser conveniente comprender un poco esto,

entonces. El judío cristiano Baruch Maoz escribió: "La Margen Occidental y la Franja de Gaza... fueron gobernadas con mano firme y militar; sin embargo, esta administración militar israelí fue la más ilustrada, la más generosa de todas las ocupaciones militares que el mundo haya visto. En veinte años, el nivel de vida en la Margen Occidental y en Gaza alcanzó el promedio más alto en Oriente Medio, excepto por [el estado de] Israel. Se establecieron nuevas industrias, se promovió la agricultura, y los rendimientos agrícolas dieron grandes pasos. Decenas de miles de palestinos árabes fueron empleados en Israel, y el gobierno hizo esfuerzos continuos para poner fin al empleo ilegal, que pagaba salarios vergonzosos y no ofrecía seguridad social. *Sin embargo, la emergente conciencia nacional palestina no tenía una salida.* Además, el extenso contacto con judíos israelíes expuso a muchos palestinos a una especie de arrogancia que se habría pensado que los judíos nunca podrían mostrar hacia otras personas". También es digno de mención este último aspecto.

TESIS 9

No es cierto que la mayoría de los palestinos árabes apoyaría la solución de los dos estados; en el mejor de los casos, podrían respaldarla como una solución provisional temporal. Los musulmanes más consistentes (representados por grupos como Hamas, Hezbollah, la Yihad Islámica y los gobernantes de Irán) no desean nada más que la destrucción del Estado de Israel (si no es el pueblo de Israel). Incluso los musulmanes árabes más moderados y coherentes nunca han reconocido fundamentalmente el Estado de Israel.

Explicación: Desde el inicio de la existencia de la *nación* (o pueblo; *volk* en neerlandés) de Israel, las grandes potencias han buscado no solo derrotar a Israel, sino destruirlo. En el Libro del Éxodo, fue el faraón de Egipto quien intentó destruir a Israel matando a todos los niños recién nacidos. En el Libro de Ester, fue el agagita Hamán, una especie de primer ministro del Imperio Persa, quien a través del rey persa intentó destruir a todo Israel. En el Salmo 83, son los países vecinos combinados de Israel los que no solo se oponen al país sino que quieren aniquilar a todo el pueblo (versículo 5). Adolf Hitler quería lo mismo y realmente logró matar a seis millones de judíos (casi el cuarenta por ciento de todos los judíos en la Tierra en ese momento). El Mufti (líder musulmán) en Palestina durante ese período, Mohammed Said Haj Amin al-Husseini (aprox. 1897-1974), tenía exactamente el mismo objetivo; también era un amigo personal de Hitler (y, lo que muchos no saben, tío o pariente cercano de Yasser Arafat).

Después del 14 de mayo de 1948, *ninguna organización* palestina ha reconocido jamás la existencia legítima del estado de Israel, aparentemente porque la esperanza de los árabes musulmanes siempre ha sido que el estado (y la nación o pueblo, "volk" en neerlandés) de Israel aún pueda ser destruido. Organizaciones musulmanas extremas como Hamás, Hezbolá y los gobernantes en Irán incluso han declarado abiertamente que tienen como objetivo destruir tanto el estado como el pueblo de Israel, a veces incluso consagrando esto en sus estatutos y cartas. *En contraste, los israelíes y los judíos en general nunca han tenido como objetivo destruir a los palestinos árabes.* Un ejemplo: la carta de Hamás, fechada en agosto de 1988, establece: "Palestina es una tierra waqf islámica [sujeta a la ley islámica] dedicada a las generaciones musulmanas hasta el Día del Juicio. Esto, o parte de ello, no puede venderse; esto, o parte de ello, no puede abandonarse. Ni un estado árabe, ni todos los estados árabes, ni ningún rey o presidente, ni todos los reyes y presidentes, ni ninguna organización, ya sea palestina o árabe, tiene derecho a hacerlo... No hay solución al problema palestino excepto a través de la yihad [guerra santa contra los judíos]. Iniciativas, propuestas y conferencias internacionales son una pérdida de tiempo y esfuerzos vanos".

Vuelve a examinar la abreviatura mencionada anteriormente, las FDI: el ejército de Israel es una fuerza de *defensa* para protegerse contra la agresión árabe (y posiblemente iraní). No es Israel quien es el agresor en el Medio Oriente (aunque individuos ignorantes intenten convencernos de lo contrario), sino los árabes musulmanes.

TESIS 10

La comunidad internacional acusa a Israel de "colonialismo" e "imperialismo". Esto es una absurda distorsión histórica. Fue Israel quien aceptó la división de la tierra en 1947 y el estatus internacional para Jerusalén. Son los árabes quienes, en lugar de aceptar esto, han librado repetidamente guerras contra Israel. La única vez que lograron conquistar la antigua Jerusalén (1948/49), expulsaron inmediatamente a todos los judíos de ella.

Explicación: Necesito abordar la afirmación de que Israel *inició* la Guerra de los Seis Días en junio de 1967. Estrictamente hablando, esto es cierto, pero solo después de que todos los países árabes vecinos se movilizaran masivamente contra Israel. En junio de 1967, enormes ejércitos, una gran cantidad de tanques y aviones estaban listos para destruir finalmente a Israel. Israel se defendió con éxito lanzando un ataque preventivo: infligió un golpe militar masivo a los árabes, desactivando efectivamente una parte significativa de la fuerza militar árabe.

Otra acusación absurda es que Israel practica el "apartheid". ¡Como si los árabes fueran forzados a vivir en reservas! Los judíos tampoco han establecido una "colonia" en Palestina; se organizaron como un estado en una tierra que había sido suya durante siglos y donde los judíos siempre habían vivido desde entonces con el permiso de las Naciones Unidas, que representan a la comunidad internacional.

Sin embargo, debe agregarse que, aunque los palestinos árabes no pueden afirmar que Palestina haya sido alguna vez "su propia" tierra, las familias palestinas han vivido indudablemente en la tierra durante siglos. Es por eso que, en 1947, se les asignó su propia área dentro de la tierra de Palestina, donde podrían haber establecido su propio estado, pero se negaron. Esto no sorprende: admiten abiertamente que preferirían expulsar a todos los judíos de la tierra, incluidos los judíos cuyos ancestros habían vivido allí durante muchos siglos.

La mentalidad palestina quedó evidente en la Guerra de Independencia de 1948-1949, cuando uno de los pocos logros de los árabes fue expulsar a todos los judíos de Jerusalén Este. (Solo pudieron regresar en 1967). Después de la creación del estado de Israel, los israelíes nunca intentaron expulsar a todos los árabes de su tierra, al igual que nunca intentaron expulsar a todos los árabes de Jerusalén Este después de 1967.

TESIS 11

La ciudad de Jerusalén no se menciona en absoluto en el Corán. En cambio, hay referencia a la "mezquita más alejada" o "más lejana", que las generaciones posteriores de musulmanes han proyectado sobre Jerusalén (la Mezquita de Al-Aqsa significa "mezquita más alejada" o "más lejana"). En el Corán o por los profetas musulmanes posteriores, nunca se ha prometido un (mesiánico) reino de paz y justicia alrededor de Jerusalén para los musulmanes, como se ha prometido a Israel (una promesa divina que aún está vigente).

Explicación: Hablando históricamente, es realmente notable que los musulmanes hayan dado tanta importancia a la ciudad de Jerusalén. Jerusalén no se menciona en absoluto en el Corán. Como ciudad, Jerusalén no es importante para el islam tradicional. Lo único que es sagrado y, por lo tanto, importante es la roca en la Cúpula de la Roca en el Monte del Templo (llamado Haram al-Sharif por los musulmanes), desde donde, según los musulmanes, Mahoma hizo un viaje nocturno al cielo. Esto se alude en la Surah 17:1: "¡Glorificado sea Aquel que transportó a Su siervo de noche desde la Mezquita Sagrada a la Mezquita Más Lejana!" Para la historia mundial, este supuesto viaje es de la máxima importancia, ya que llevó a los musulmanes a pensar en Jerusalén al referirse a la "mezquita más lejana". ¿Qué podría ser más apropiado que imaginar que el Dios de Mahoma había eclipsado al Dios de Israel (ver Tesis 14) y que, por lo tanto, el Monte del Templo debería estar bajo control islámico? En parte basándose en esta pura especulación, Jerusalén se convirtió en la tercera ciudad santa del islam, un hecho que ha tenido enormes consecuencias políticas y religiosas hasta el día de hoy.

Sin embargo, es importante señalar que la palabra "en parte" debe ser enfatizada. De hecho, Jerusalén ya era tan importante para Mahoma que inicialmente instruyó a sus seguidores a orar en dirección a Jerusalén (posteriormente cambiado a La Meca). Después de que los musulmanes conquistaron Jerusalén en 638, el Califa Omar visitó el Monte del Templo y en 691/2 se construyó la Cúpula de la Roca (a veces llamada erróneamente la Mezquita de Omar) en ese lugar. Alrededor de 711, el Califa Abd al-Malik convirtió la iglesia construida por cristianos en el Monte del Templo en el siglo VI en una mezquita, llamándola Mezquita de Al-Aqsa para sugerir que era la "Mezquita Más Lejana" (Al-Masjid al-Aqsa) del Corán. Sin embargo, ¡no había mezquita ('lugar de adoración') en Jerusalén durante la época de Mahoma! Por lo tanto, la Surah 17:1 (ver el párrafo anterior) no puede referirse a Jerusalén; Mahoma probablemente pensó en Medina en su lugar.

Mientras tanto, el islam había triunfado sobre el judaísmo y el cristianismo de esta manera en Jerusalén. A partir de ese momento, la montaña sagrada era de ellos. Sin embargo, debe señalarse que los musulmanes mostraron poco interés en el Monte del Templo a lo largo de los siglos. Desde el siglo VII en adelante, la mayoría de los califas y sultanes apenas se preocuparon por Jerusalén; para el siglo XIX, la ciudad se había convertido en un lugar sucio y empobrecido. Había pocas pruebas de que Jerusalén fuera la tercera ciudad santa del islam; solo en el siglo XX cambió el énfasis en esto, por razones políticas. Solo cuando los judíos se establecieron masivamente en y alrededor de Jerusalén, los musulmanes hicieron de Jerusalén una ciudad importante para ellos.

También es notable que a lo largo de la historia, *siempre ha habido más judíos que musulmanes viviendo en Jerusalén*. En 1860, cuando aún no existía el sionismo, había 11,000 judíos en comparación con 6,500 musulmanes, y en 1906, había 40,000 judíos en comparación con 7,000 musulmanes. En todo momento, Jerusalén ha sido más una ciudad judía que árabe. Sin embargo, este hecho rara vez se menciona en los medios de comunicación. "Jerusalén pertenece a los palestinos", ese grito es mucho más popular entre personas sin pensar.

TESIS 12

La política de asentamientos de Israel ha sido frecuentemente criticada. Sin embargo, estos asentamientos (a) solo existen en la llamada zona C, que es la zona donde Israel (¡con el consentimiento de los palestinos en ese momento!) tiene control civil y militar total desde los Acuerdos de Oslo (1993-1995); y (b) los territorios relevantes no son robados a "los" palestinos, sino que son honestamente comprados a palestinos árabes. (Dejando de lado si esto siempre se hizo tan limpiamente en la práctica, por ahora.)

Explicación: Una vez más, es de suma importancia enfatizar que nunca ha habido un área exclusivamente árabe-palestina, y no la hay hoy. Eso habría sido muy diferente si los árabes hubieran establecido su propio estado en la parte asignada en 1948, pero deliberadamente se abstuvieron de hacerlo. Además, bajo el liderazgo de Yasser Arafat, los propios palestinos aceptaron la división de la Cisjordania en tres zonas durante los Acuerdos de Oslo (1993–1995):

- La zona A (área urbana, especialmente alrededor de Ramallah, Jericó, Nablús y Jenin) está completamente bajo la jurisdicción de la Autoridad Palestina;
- La zona B está bajo la autoridad de la Autoridad Palestina, pero también está bajo control militar israelí para garantizar la seguridad del área;
- La zona C está bajo control israelí (aunque no pertenece al estado de Israel).

Los propios palestinos estuvieron de acuerdo con esta división, bajo la mirada atenta de todo el mundo. En la zona C, los judíos han comprado tierras a los palestinos árabes, no las han robado ni confiscado, y han establecido asentamientos judíos allí. Puedes tener tus opiniones al respecto, y también puedes cuestionar si el establecimiento de estos asentamientos siempre siguió estrictamente las reglas. Simplemente no afirmes que los israelíes han adquirido "ilegalmente" territorio "palestino" (léase: musulmán-árabe).

De hecho, lo mismo está sucediendo en Cisjordania que ocurrió en toda Palestina entre la Primera y la Segunda Guerra Mundial. Durante ese tiempo, judíos de todo el mundo acudieron a Palestina y compraron tierras a los árabes. Esta tierra a menudo consistía en pantanos y otras áreas completamente deshabitadas. Lo que hicieron los pioneros judíos fue devolver esa tierra al cultivo después de siglos de abandono. Muchos palestinos envidiaban el gran éxito que los judíos lograron en estos proyectos, pero otros palestinos estaban felices de ayudar con estos proyectos a cambio de un pago y se beneficiaron significativamente de su propia agricultura, en parte gracias a la generosa asistencia de muchos agricultores judíos. En muchos lugares de Palestina en ese momento, judíos y árabes interactuaban razonablemente en armonía e incluso trabajaban juntos, y aquí y allá, esto todavía sucede en Cisjordania (algo que los enemigos de Israel prefieren ignorar). Judíos y árabes pueden coexistir en armonía; lo han hecho en Palestina durante muchos siglos. El factor más perturbador aquí no es la política, sino la religión.

Para entender el punto misterioso de cómo los palestinos alguna vez aceptaron los Acuerdos de Oslo, debes ser consciente de un aspecto importante del islam. Incluso en el Imperio Otomano, era práctica común que los líderes musulmanes, cuando su poder político era inferior al de los gobernantes no musulmanes, se enfocaran en la "amabilidad con los gatos" (*mudara*) hasta que el equilibrio de poder cambiara a su favor nuevamente. El islam también practica el *iham*, la decepción sistemática de los "enemigos de Alá" al tratar con ellos. Los Acuerdos de Oslo no fueron más que una pausa temporal en las hostilidades (una *hudna* o una *muwada'a*) como un medio táctico de debilidad política. Después de firmar estos acuerdos, se dice que Arafat comentó: "Considero que este acuerdo no es más que el acuerdo que se firmó entre nuestro Profeta Muhammad y los Quraysh [tribu]". Dos años después de que Muhammad firmó un tratado de paz (el Tratado de Hudaybiyya, 628) con los Quraysh anticristianos, atacó a esta tribu e infligió una severa derrota.

Según la Sharia, la ley islámica, los Acuerdos de Oslo ni siquiera deberían tomarse en serio; es el deber religioso de los musulmanes romperlos tan pronto como se presente la oportunidad. Durante la Cuarta Conferencia de la Academia de Investigación Islámica en El Cairo (1968), el más alto estudioso legal islámico en Jordania dijo: "Las resoluciones de paz solo están permitidas para fortalecerse para futuros conflictos en tiempos de debilidad. La guerra santa [yihad] debe ser la base de las relaciones entre musulmanes y no musulmanes. Los musulmanes son libres de romper cualquier acuerdo con no musulmanes". Aquí queda claro que en el Medio Oriente, es una lucha espiritual, una batalla entre el Dios de Israel y Alá, el dios del islam. Esto hace que el problema sea mucho más grave, algo a lo que se refiere la siguiente afirmación.

TESIS 13

El problema más profundo en y alrededor del estado de Israel no es de naturaleza histórica, política o legal internacional, sino de naturaleza religiosa. Desde la conquista de Palestina en el séptimo siglo, es inconcebible para los musulmanes consistentes que exista un estado judío allí. Lo que se ha convertido en la "tierra de Alá" nunca puede ser devuelto a los judíos. Por otro lado, para los judíos devotos, es inconcebible vivir en ningún lugar que no sea la tierra prometida a sus antepasados por Dios.

Explicación: Es sorprendente cuántos llamados expertos en Palestina, a menudo incluyendo judíos y cristianos, pasan por alto la profunda dimensión religiosa de todo el conflicto judeopalestino. Palestina es la tierra que el Dios de Israel le dio a Israel. En esa Tierra Santa, Jerusalén era la ciudad sagrada y Sion era la montaña sagrada donde se construyó el templo sagrado de Israel (primero el templo de Salomón, luego el templo de Zorobabel). Cada año, en el noveno día del mes de Av, Israel aún llora la pérdida de sus dos templos, y los judíos religiosos en la Diáspora (dispersión) aún rezan en la *Pascua* [*Pesaj*]: "El próximo año en Jerusalén" (y los judíos que ya viven en Jerusalén rezan "El próximo año en el nuevo templo"). Para los judíos religiosos, la tierra de Israel sigue siendo la Tierra Santa, e incluso para muchos judíos secularizados, la tierra de Israel sigue siendo su patria histórica.

La Tierra Santa de los musulmanes es Arabia Saudita, no Palestina, y principalmente La Meca y Medina. Pero de manera misteriosa, como se mencionó anteriormente, los musulmanes han convertido a Jerusalén en su tercera ciudad sagrada. Además, los musulmanes conquistaron Palestina en el séptimo siglo, y desde entonces, esa tierra ha pertenecido al "reino de Alá". Hoy en día, el mundo todavía se divide en dos regiones: el *dar al-islam*, la "casa del Islam", donde la mayoría de la población es musulmana, y el *dar al-harb*, la "casa de la guerra", donde la mayoría de la población aún no es musulmana. La primera "casa" debe someter (islamizar; Islam significa "sumisión") a la segunda "casa", si es posible mediante medios pacíficos o, de lo contrario, por la fuerza. Una vez que todas las personas se han convertido en musulmanas, el mundo será *dar al-salaam*, la "casa de la paz". Este es el concepto islámico de "paz", que implica islamizar a todos los oponentes (sometiéndolos a una sumisión servil a Alá o a la *Sharia*, la ley islámica).

El hecho de que organizaciones como Hamas y Hezbollah quieran destruir a Israel no se basa simplemente en el antisemitismo o el odio hacia los judíos (aunque eso también es cierto). Hay este componente religioso profundo: los judíos pueden vivir en áreas musulmanas (en estricta sumisión), pero es inconcebible que los judíos tengan su propio estado en un área que se ha convertido en parte del mundo de Alá. Esto es una abominación para muchos musulmanes consistentes, tanto dentro como fuera del Medio Oriente. Durante setenta y cinco años, estos musulmanes han deseado fervientemente que el estado de Israel llegue a su fin lo antes posible.

TESIS 14

La dimensión religiosa profunda del conflicto judeopalestino fue evidente el 7 de octubre de 2023, cuando miembros de Hamas agredieron, violaron y asesinaron a 1,400 judíos mientras gritaban continuamente: Allahu Akbar, lo que, en este caso, significaba algo así como: "¡Nuestro dios Allah es más grande que el Dios de Israel!" Nada podría ilustrar más claramente que esto fue y sigue siendo una batalla en los reinos celestiales (cf. Efesios 6:12): una lucha entre los "dioses" de este mundo y el Dios de Israel.

Explicación: Originalmente, "Allahu Akbar" significaba algo así como: "Allah es más grande que los ídolos paganos". Sin embargo, en la batalla de los musulmanes contra judíos y también contra cristianos, el grito empezó a significar cada vez más: "Allah es más grande (y por lo tanto más poderoso) que el Dios de judíos y cristianos", y por lo tanto también: en última instancia, el dios de los musulmanes triunfará sobre todos los dioses del mundo, incluido el Dios de judíos y cristianos.

Personalmente, he escuchado a cientos de musulmanes gritando lo mismo a judíos ortodoxos que pasaban por el Monte del Templo en Jerusalén: "Allahu Akbar", "Allah es más grande que tu Dios". En ese grito fanático y aterrador, casi podía escuchar lo siguiente: ¡Ustedes, judíos, no pertenecen a esta montaña! ¡Esta montaña pertenece a nuestro dios! Y un día finalmente los expulsaremos de esta parte del mundo, ¡y entonces nuestro dios triunfará en esta montaña! ¡Nuestro dios tiene la última palabra!

La lucha de Israel contra sus enemigos ha estado gobernada por los mismos principios desde el principio de su historia. Cuando Israel estaba a punto de partir de Egipto, muy en contra de los deseos del faraón, Dios dijo a Israel: "Yo ejecutaré juicios contra todos los dioses de Egipto" (Éxodo 12:12; ver el cumplimiento en Números 33:4). No solo juicios sobre el faraón, también, pero especialmente sobre las oscuras potencias espirituales detrás del faraón.

El conflicto entre Israel y el imperio babilónico también implicó una batalla del Dios de Israel contra los dioses de Babilonia: Bel, Nebo, Marduk (cf. Isaías 46:1; Jeremías 51:44). Luego estaba la lucha de Israel contra los "dioses" (gobernantes angelicales) de los imperios persa y grecomacedonio (Daniel 10:13, 20).

Estos "dioses" son en realidad poderes angelicales demoníacos que se han vuelto contra el "Dios de los dioses" (Deuteronomio 10:17; Daniel 2:47; 11:36), pero son, de hecho, "dragones" (monstruos demoníacos). Compare Isaías 27:1 y 51:9, y especialmente el "dragón" en el Libro de Apocalipsis, el gobernante angelical del poder mundial de los últimos tiempos, que tendrá que contender con el Dios de Israel y especialmente con el Mesías de Israel. Desde el Éxodo de Egipto hasta el presente, la batalla es entre el Dios de Israel y los poderes espirituales de la oscuridad.

En una ocasión le dije a un amigo rabino en Jerusalén: "El antisemitismo es una prueba de la existencia de Dios". Me entendió de inmediato. Lo que quería decir es que el antisemitismo señala un poder espiritual que va más allá de la comprensión normal. La existencia de tal poder sugiere una fuerza espiritual contra la cual se dirige ese poder malévolo. Llamamos a esa fuerza espiritual Dios.

Aquí tienes un ejemplo simple de este poder espiritual: en 2014, el embajador israelí Ron Prosor dijo lo siguiente en la Asamblea General de las Naciones Unidas, entre otras cosas: "Cuando los miembros de la comunidad internacional hablan sobre el conflicto israelí-palestino, desciende una niebla que oscurece toda lógica y claridad moral. El resultado no es la realpolitik sino la surrealpolitik. El enfoque incesante del mundo en el conflicto israelí-palestino es una injusticia para decenas de millones de víctimas de tiranía y terrorismo [por parte de árabes e iraníes] en el Medio Oriente. Mientras hablamos, yazidíes, bahá'ís, kurdos, cristianos y musulmanes están siendo asesinados y expulsados por extremistas radicales a una tasa de mil personas al mes. ¿Cuántas resoluciones aprobaron la semana pasada para abordar esta crisis? ¿Y cuántas sesiones especiales solicitaron para este problema? La respuesta es cero. ¿Qué dice esto acerca de la preocupación internacional por la vida humana? No mucho, pero habla voluminosamente sobre la hipocresía de la comunidad internacional".

Durante todos esos años, las Naciones Unidas han adoptado numerosas resoluciones contra Israel, pero nunca una contra el terrorismo musulmán. ¿Qué tipo de poder está detrás de esto?

TESIS 15

Presta atención a la "objetividad" de los medios de comunicación (o la falta de ella): es correcto enfatizar que Israel en Gaza se dirige principalmente solo a objetivos de Hamas, aunque, desafortunadamente, muchos civiles también se ven afectados; simplemente no hay guerra sin víctimas civiles. Esto se debe en gran medida a la propia responsabilidad de Hamas, que prefiere utilizar a civiles inocentes como escudos humanos, por ejemplo, escondiéndose en hospitales y escuelas. Sin embargo, es completamente incorrecto centrarse únicamente en los civiles inocentes afectados por Israel e incluso dar la impresión de que Israel está atacando deliberadamente a esos civiles. Así, Israel continúa siendo retratado como el villano, como lo ha sido a lo largo de los siglos.

Explicación: Rara vez me he sentido tan "cansado" al leer y escuchar lo que los medios generalmente tienen que decir sobre el conflicto entre Israel y Hamas. También me parece terrible que tantos civiles, especialmente niños, sean asesinados en Gaza. Pero ese es precisamente el dilema diabólico con el que el gobierno de Israel está lidiando: o bien evitar la muerte de civiles en Gaza, y con ello, también evitar dañar a Hamas (permitiéndoles prepararse para el próximo ataque a judíos inocentes); o ir con todo para destruir a Hamas en Gaza, incluso si eso cuesta la vida de muchos civiles.

¿Cuántos medios ofrecen una perspectiva imparcial sobre este dilema? ¿Cuántos se centran exclusivamente en todos esos civiles «inocentes» «asesinados» por Israel (algunos incluso hablan de «genocidio»), en lugar de enfatizar que Israel apenas puede actuar de manera diferente mientras Hamas continúe teniendo alrededor de doscientos judíos inocentes (y extranjeros) como rehenes? ¿Por qué «alguien» ve un lado del asunto tan fácilmente y el otro lado tan reluctante? ¿Por qué incluso muchos cristianos participan en este tipo de distorsiones?

De hecho, soy bastante cauteloso con el término "inocente" para los civiles. En 2007, esos civiles en Gaza llevaron a Hamas al poder. Además, muchos civiles en Gaza deben ser conscientes de las formas en que los combatientes de Hamas se esconden entre ellos. Al mismo tiempo, entiendo (a) que los gazatíes en 2007 no tenían muchas opciones, (b) que muchos gazatíes no están de acuerdo con las políticas de Hamas y (c) tampoco pueden evitar que Hamas los use como escudos humanos. Ese es precisamente el dilema: el dilema de los israelíes pero también el dilema de los gazatíes.

De hecho, es igualmente cierto que muchos gazatíes son tan antiisraelíes como otros palestinos árabes. Esto se debe a veces a Israel mismo: los judíos son el pueblo de

Dios, pero de ninguna manera un pueblo perfecto; pero esto se debe principalmente a la naturaleza del islam (ver la siguiente proposición).

TESIS 16

Ciertamente, hay musulmanes que tienen una actitud favorable hacia muchos judíos. Pero, fundamentalmente, cada musulmán devoto es un enemigo de Israel. El Profeta Mahoma intentó exterminar a las tribus judías en su región durante su tiempo porque no lo seguirían. Es cierto que las partes iniciales del Corán contienen palabras benevolentes sobre los judíos, pero las partes posteriores del Corán tienen más autoridad según los musulmanes que esas partes iniciales. La tendencia general de esas partes posteriores es una condena estricta de los judíos: "Alá los ha maldecido por su incredulidad" (Surah 2:88); Él está "enojado" con ellos (58:14) y los ha destinado al infierno (59:3).

Explicacion: Me gustaría agregar: La Surah 5:51 dice: "¡Oh creyentes [es decir, musulmanes], no tomen a los judíos y a los cristianos como aliados; son, de hecho, aliados entre sí! Y quien sea aliado de ellos entre ustedes, entonces, de hecho, es uno de ellos". La Surah 9:123 dice: "¡Oh creyentes, combatan a aquellos que están cerca de ustedes de los incrédulos [es decir, judíos y cristianos] y déjenles encontrar en ustedes severidad». Estos y otros versículos a menudo son explicados por musulmanes que desean presentar una imagen amigable al mundo exterior. En realidad, estos versículos dejan claro cuál es el verdadero significado de la Yihad (la "guerra santa" de los musulmanes): el objetivo final del Islam es someter al mundo entero al Corán, sin importar el costo (ver Tesis 13).

Para lograrlo, todos los judíos que se interpongan deben ceder. Ya a fines del siglo XIX, miles de judíos fueron asesinados en todo el mundo musulmán simplemente por ser judíos. Durante el periodo que rodea la Segunda Guerra Mundial, más de mil judíos fueron asesinados en disturbios antisemitas en países musulmanes. La paz permanente entre judíos y musulmanes es, por lo tanto, fundamentalmente difícil a nivel colectivo y político. Sin embargo, la paz permanente entre un estado judío (¡en un territorio anteriormente islámico!) y sus estados musulmanes vecinos está completamente fuera de discusión.

Mohamed mismo comenzó a odiar a los judíos con un odio ardiente cuando quedó claro que los judíos de su época no aceptarían su mensaje. En mayo de 627, según ciertas fuentes, casi todos los hombres judíos en Medina (la tribu Banu Qurayza) fueron masacrados; las mujeres y los niños fueron vendidos como esclavos. En una guerra de cuatro años (624-628), Mohamed derrotó a todas las tribus judías que vivían en Arabia. Muchos judíos fueron asesinados o expulsados, y el resto fueron saqueados y sometidos a tributos, con muchas posesiones destruidas. En el año 640, el Califa Omar expulsó a los últimos judíos de Arabia. Ningún musulmán, y de hecho, ningún judío, puede olvidar el odio de Mohamed hacia los judíos. Aunque el Islam ha tenido períodos en los que musulmanes y judíos vivieron juntos de manera bastante pacífica (especialmente en la España medieval), donde los judíos obstaculizan nuevamente al Islam, como es el caso actualmente en la tierra de Israel, resurge el antiguo odio.

El historiador y periodista estadounidense John Laffin († 2000) escribió: "Si incluso Mahoma estaba justificado en matar judíos, lo mismo se podría decir de Muammar al-Qaddafi, Yasser Arafat y el presidente Sadat" (ex presidentes de Libia, la Autoridad Palestina y Egipto, respectivamente), y lo mismo se puede decir de Hamás, Hezbolá, los gobernantes iraníes, y así sucesivamente. Ellos son aquellos "en quienes el dios de esta era [es decir, la era actual] ha cegado las mentes de los incrédulos" (2 Corintios 4:4).

El portavoz de Hamás, Ibrahim Ghoseh, escribió en Ammán en 1992: "El compromiso no es posible. Los musulmanes no reconocen la entidad sionista, sea cual sea su forma". Solo los occidentales ingenuos, que no comprenden la profundidad religiosa del conflicto, pueden creer en una solución de dos estados. Estos son o incrédulos o cristianos que quieren ver el asunto únicamente desde una perspectiva legal o política, o cristianos que se adhieren a la "teología de la sustitución" (la teología que sostiene que la Iglesia ha asumido el papel y las bendiciones y promesas de Israel, y que, por lo tanto, en el Israel de hoy, ninguna de las profecías bíblicas se está cumpliendo).

En lo que respecta a este último punto: entre los cristianos palestinos, hay una gran diferencia entre, por un lado, el punto de vista tradicional de la "teología de la sustitución" (como los ortodoxos griegos, los católicos romanos y los protestantes tradicionales) y, por otro lado, los cristianos evangélicos que sí creen en la validez de la promesa de la tierra bíblica y aman a Israel como el pueblo de Dios (aunque comprensiblemente no siempre estén de acuerdo con los líderes israelíes). "Los" cristianos palestinos no existen. Así que, al preguntar a un cristiano palestino su opinión, primero se debe determinar si ese cristiano sigue la "teología de la sustitución" o cree en la continua validez de la promesa bíblica de la tierra para Israel. Esto también se aplica a los cristianos neerlandeses. Tomemos, por ejemplo, la Iglesia Protestante en los Países Bajos (PKN): no hay una posición única de la PKN sobre el conflicto Israel-Palestina. Pueden hablar de una "conexión" con Israel, pero es un término vacío; también puede referirse a la conexión histórica con el antiguo pueblo de Israel. Tanto los liberales como los "teólogos de la sustitución" dentro de la PKN no quieren tener nada que ver con la continua validez de la promesa bíblica de la tierra para Israel. Por lo tanto, cada discusión cristiana sobre el conflicto Israel-Palestina debería comenzar con esta pregunta: ¿cree en la continua validez de la promesa bíblica de la tierra o no? La respuesta a esa pregunta determina toda la discusión de antemano.

TESIS 17

Así, no hay absolutamente ninguna solución política o legal internacional concebible para el problema israelí-palestino. El mundo árabe musulmán fundamentalmente nunca podrá y estará dispuesto a reconocer un estado de Israel, y los israelíes nunca podrán y estarán dispuestos a renunciar a su política de asentamientos ni a recibir de vuelta a los cientos de miles de refugiados en campamentos árabes. Ninguna de las partes estará dispuesta a renunciar a la antigua Jerusalén y al Monte del Templo. Por lo tanto, estamos esperando la venida del Mesías y, desde Jerusalén, el establecimiento de Su imperio mundial de paz y justicia. Como me dijo una vez un taxista cristiano-árabe en Jerusalén: Solo Jesús puede resolver el problema.

Explicación: No podía pensar en ningún problema político en la Tierra para el cual, en principio, no debería haber una solución política. Excepto en el conflicto judío-palestino. Esto se debe a su profundidad religiosa, que no se encuentra en la misma medida en otros problemas (por ejemplo, la guerra entre Rusia y Ucrania). Solo considera este punto: muchos palestinos árabes me han dicho personalmente que están a favor de una solución de dos estados, pero solo si (la antigua) Jerusalén se convierte en su capital (y esto, mientras que Jerusalén nunca ha sido la capital de un estado árabe palestino). Muchos israelíes judíos también me han dicho que están a favor de una solución de dos estados, pero solo si (la antigua) Jerusalén se convierte en su capital (y esto, mientras que la antigua Jerusalén no formaba parte de la Palestina asignada a los judíos en 1947). Bueno, eso lo hace muy difícil: ninguna de las partes aceptará nunca una solución sin la antigua Jerusalén, y por razones profundamente religiosas.

Además, ya pasó el tiempo en que ambas partes aceptarían algún tipo de "estatus internacional" para Jerusalén. Después de todo, ¿quién custodiaría ese "estatus"? Esto pronto llevaría a una nueva guerra.

Nuevamente, para los musulmanes, la Tierra Santa es innegociable porque ha sido la "tierra de Alá" desde el séptimo siglo, que nunca puede ser regalada total o parcialmente a no musulmanes. Y para los judíos, la Tierra Santa es innegociable porque es la tierra de Dios (Levítico 25:23), "la tierra es Mía", que Él prometió y dio a Su pueblo Israel y a nadie más. Por lo tanto, ningún conflicto en el mundo puede ser "más religioso" que esta lucha por la Tierra Santa, la ciudad santa y la montaña santa. Repito: solo puede ser comprendido por creyentes en la Biblia que ven la lucha en los "lugares celestiales" (Efesios 6:12): la lucha entre el "dragón" y el "Cordero" (como se describe en el Libro de Apocalipsis), entre los "dioses" de este mundo y el Dios de Israel (quien también es el Dios de los cristianos).

TESIS 18

No justifico todo lo que hace el actual estado de Israel (como algunos afirman); por el contrario, un gran segmento de los israelíes de hoy en día es completamente secular y actúa en consecuencia. Pero eso también fue así en épocas anteriores, cuando Dios nunca dejó de ser el Dios de Israel y nunca revocó ninguna de Sus promesas a Israel.

Explicación: Dios sigue siendo el Dios de Israel, aunque también se ha convertido en el Dios de millones de cristianos, siendo, en cierto sentido, el Dios de toda la humanidad. Dios es el Dios que nunca podrá ni querrá retractarse de Sus promesas a Israel (cf. Romanos 11:29).

Es importante agregar que el cumplimiento de las promesas de Dios a Israel siempre implica arrepentimiento y conversión por parte de Israel. Esto se observa hoy en los judíos que "creen en el Mesías" (creen en Jesús) (según entiendo, hay alrededor de 15,000 en Israel en la actualidad), pero también en judíos "ortodoxos" (talmúdicos) genuinamente piadosos, aunque estos últimos aún tienen un velo sobre sus rostros con respecto a Jesús (2 Corintios 3:15-16). Para muchos, esto solo cambiará cuando vean al Mesías aparecer con las nubes del cielo (Apocalipsis 1:7). Al igual que los hermanos de José lo reconocieron solo cuando él se reveló a ellos (Génesis 45), así será con muchos judíos, que reconocerán a Jesús cuando Él se revele a ellos.

En ese tiempo futuro, el velo que cubre los rostros de los cristianos también será eliminado (cf. Isaías 25:7). Después de todo, el punto ciego de muchos judíos es Jesús, pero el punto ciego de muchos cristianos es Israel. ¡Espero con ansias el momento en que ambos velos sean eliminados! Ese será el momento en que la gran paz sabática habrá llegado a todo el mundo (cf. Isaías 9:6; Hebreos 4:9).

TESIS 19

La promesa de Dios de la tierra a Israel es inviolable. Dios ha prometido explícitamente que los israelitas regresarían un día a la tierra donde vivieron sus antepasados (Deuteronomio 30:5; 1 Reyes 8:34; Jeremías 30:3; Ezequiel 20:42), no a alguna "tierra" espiritual o celestial. El hecho de que esta promesa no se refiera únicamente al regreso del exilio babilónico es evidente en el hecho de que se trata de un retorno desde todos los países del mundo (Isaías 5:26) y está vinculado a la venida del Mesías y al establecimiento de Su reinado (ver, por ejemplo, Jeremías 30-33; Ezequiel 34-48).

Explicación: Con una proposición como esta, siempre debemos recordar que también hay promesas de Dios para los palestinos árabes. Para muchos cristianos, aceptar la promesa literal de la tierra para Israel ya es un desafío; ¿cómo funciona entonces con las promesas de Dios para Ismael?

Aunque los palestinos árabes, en su mayoría, provienen de otros países en el último siglo y medio, con sangre griega, armenia, turca, centroasiática y norteafricana en sus venas, asumo que la mayoría de ellos aún pueden considerar al bíblico Ismael como su antepasado. Los hijos de Cetura también han contribuido a su ADN (Génesis 25:1–4), pero es mi opinión que no es una exageración considerar a las tribus árabes beduinas como descendientes de Ismael.

Los descendientes de Ismael tienen un lugar especial en los planes de Dios, así como Ismael tuvo un lugar especial en el libro de Génesis, casi tan significativo como los tres patriarcas (Abraham, Isaac y Jacob). Ismael es un tipo de Israel según la carne (cf. Génesis 17:20; Gálatas 4:1–7): un "asno salvaje" (un ser salvaje y sin ley; Génesis 16:12), que finalmente debe ser redimido por un Cordero (Éxodo 13:13), pero Dios ha provisto para él en Su providencia (Génesis 17:20), y lo ha hecho hasta el día de hoy. Así, hubo gracia divina no solo para Israel sino también para Agar e Ismael; incluso leemos: "Dios estaba con el muchacho [Ismael]" (Génesis 21:20).

Finalmente, Isaac e Ismael juntos enterraron a su padre Abraham (Génesis 25:11–18). Este evento fue un precursor de la paz que reinará entre Israel y los árabes en el próximo reinado mesiánico cuando el pacto abrahámico haya encontrado su cumplimiento completo.

TESIS 20

Además de las similitudes entre Ismael e Isaac, también hay diferencias significativas: la línea del pacto de Dios continúa con Isaac, no con Ismael. Lo que es muy característico es que Ismael se convirtió en un luchador (un asesino, al igual que Esaú; Génesis 21:20), no en un pastor (alimentador, cuidador) como Isaac. Ismael tomó una esposa egipcia (Génesis 21:22), por lo que todos sus descendientes tenían ese "egipcio" en ellos. Israel, por otro lado, se formó como pueblo en Egipto, pero se les permitió durante el viaje por el desierto aprender a despojarse de todo lo egipcio (incluyendo el becerro de oro; Éxodo 32–33). (Si esto fue completamente exitoso es otra pregunta.)

Explicación: Ismael está incluido en las promesas de Dios. Pero los descendientes de Ismael no se someterán de buena gana al Dios y al Mesías de Israel; nunca lo han hecho. El profeta Isaías habla varias veces de los "filisteos" (nuevamente: ¡la misma palabra que "palestinos"!) en un sentido negativo. Esto se aplica no solo al pasado sino también a los últimos tiempos. Isaías 11 describe la paz del reino mesiánico (versículos 1–9), pero este estado de paz está precedido por un conflicto con los palestinos en el oeste (¡la Franja de Gaza!), así como con Edom, Moab y Amón; en otras palabras, los países vecinos de Israel.

Isaías 60 es una de las profecías *positivas* especiales sobre el futuro de "Ismael" y su lugar en el reino mesiánico. Aunque el nombre de Ismael no se menciona, se mencionan los nombres de sus hijos Kedar y Nebaiot (Génesis 25:13; 1 Crónicas 1:29), y se enumeran varias tribus de la península arábiga (versículo 6). Son (especialmente) los ismaelitas quienes ayudarán a reconstruir Jerusalén (versículo 10). Muchos ismaelitas se convertirán al Dios y al Mesías de Israel y serán guiados por la luz que brilla desde Sion (versículo 3).

Sí, escuchaste correctamente: son los *palestinos árabes* quienes restaurarán a Jerusalén a su antigua gloria en el reino mesiánico. Pero harán esto por el Dios y el Mesías de Israel, en quienes aprenderán a creer y a quienes también servirán.

Ezequiel 47:21–23 también es muy notable. En el reino mesiánico, la Tierra Santa debe dividirse entre las doce tribus de Israel. *¡Pero también los «extranjeros»* (es decir, no israelitas) *que vivan entre los israelitas y tengan hijos entre ellos* (por lo tanto, los que ahora se llaman palestinos árabes) *también deben recibir una parte!* Estarán al mismo nivel que los israelitas de nacimiento y recibirán una herencia en la Tierra Santa, al igual que los israelitas. Esto solo puede suceder si aprenden a someterse al Dios de Israel y al Mesías de Israel. ¡Esto es precisamente lo que los palestinos cristianos que creen en la Biblia ya están haciendo hoy! Lo sé porque he predicado en congregaciones cristianas palestinas al menos trece veces, tanto dentro del estado de Israel como en Cisjordania, y me he quedado con palestinos en ambas áreas.

Cualquier judío y cualquier cristiano que odie a los "palestinos" porque son "palestinos" está oponiéndose directamente a los planes de Dios. Debemos ver a los musulmanes principalmente como personas a las que Dios ama y a las que también debemos amar. El hecho de que Israel sea el pueblo de Dios no significa que debamos o podamos amar más a los israelitas que a los palestinos. Esto es especialmente cierto por una razón muy práctica: según algunas organizaciones misioneras, miles de musulmanes se están convirtiendo a Cristo hoy. Frente a cada musulmán, debemos enseñarnos a nosotros mismos a ver al potencial creyente en Jesús. Sí, un día, los árabes (creyentes) ocuparán un lugar honorífico junto a los judíos (creyentes) en el reino de paz y justicia bajo el bendito gobierno de Jesucristo, el Mesías de Israel, que se sentará en el trono de su padre David (cf. Lucas 1:32) en Jerusalén restaurada. Entonces también se cumplirán las palabras del profeta Isaías:

> Cantad al Señor un cántico nuevo,
>   cantad su alabanza desde los confines de la tierra,
>   los que descendéis al mar y cuanto hay en él,
>   las islas y sus moradores.
> Levanten la voz el desierto y sus ciudades,

las aldeas donde habita Cedar.
Canten de júbilo los habitantes de Sela,
desde las cimas de los montes griten de alegría
(Isa. 42:10-11).

EPÍLOGO

Permítanme concluir con la historia del palestino Taysir Abu Saada (Tass Saada), cuyos dos libros han sido traducidos al neerlandés y a quien he conocido personalmente. Tass es un exterrorista musulmán. Nació en un campo de refugiados en la Franja de Gaza, creció en Arabia Saudita y Qatar, trabajó como conductor para Yasser Arafat y sirvió como francotirador en la OLP. En Estados Unidos, encontró el amor de su vida: Cristo, el judío que ama tanto a los árabes como a los judíos y que transformó por completo la vida de Saada. Experimentó una conversión radical, tuvo la oportunidad de explicar el evangelio a su propia familia e incluso a Yasser Arafat, comenzó a ayudar a los pobres y necesitados en Gaza y Cisjordania y a compartir el evangelio con ellos. Lo que nunca pudo haber imaginado sucedió: pidió perdón a los israelíes por lo que él y otros palestinos les habían hecho, y aprendió a orar: "Oh Dios, bendice a tu pueblo Israel. Señor, llévalos de vuelta a la Tierra Prometida. Muéstrales que tú eres su Dios". Frente al "espíritu del terror" en Medio Oriente, Saada aprendió a ser un pacificador y a orar por aquellos que siembran muerte y destrucción (en ambos lados).

El mismo Dios que convirtió milagrosamente a Saada también le abrió los ojos a los planes de Dios para Israel. Él escribe: "[Me] di cuenta de que había luchado en la guerra equivocada. Ustedes, israelíes, tienen derecho a esta tierra, y yo no tenía derecho a robar su herencia legítima". Y: "Al leer la Biblia, estoy convencido de que Dios quiere que los judíos vivan en esta tierra. Se lo prometió hace mucho tiempo a través de sus profetas, y nunca cambió de opinión. Si intentamos expulsarlos, estamos luchando contra Dios. Es por eso que nosotros, los árabes, nunca hemos tenido éxito en derrotar a Israel, a pesar de nuestras vastas cifras, dólares de petróleo y todo lo demás". Pero Saada continúa: "... la verdad es que Dios ama tanto a árabes como a judíos, y quiere llevarnos a ambos a un propósito más elevado. Él no está "en contra" de uno u otro. Quiere que todos los pueblos del Medio Oriente se den cuenta de que Jesús es su Salvador y Pacificador".

Tass Saada es uno de los muchos musulmanes que han llegado a la fe en Jesucristo, especialmente desde el 11 de septiembre de 2001, el ataque musulmán a Estados Unidos, si puedo creer en Joel Rosenberg, más de ellos que nunca antes en la historia del islam. Rosenberg es el fundador de The Joshua Fund, una organización humanitaria con la misión de bendecir a Israel y a sus vecinos en nombre de Jesús, basándose en Génesis 12:1–3. Saada mismo es el fundador de Hope for Ishmael, una organización que busca reconciliar a árabes y judíos. Su historia es, de alguna manera, la clave del folleto que el lector tiene en sus manos: la única solución al conflicto en Medio Oriente es Jesucristo, no solo la fe en Él, sino Su regreso en el Monte de los Olivos. La solución no es que judíos y árabes se reconcilien entre sí porque eso es imposible en las condiciones actuales (con muy dignas excepciones). La solución es que judíos y árabes se reconcilien con Dios individualmente, en Jesucristo (2 Corintios 5:18–20). Entonces, la reconciliación entre ellos seguirá naturalmente (Efesios 2:11–22).

Una vez más, aquí está el profeta Isaías:

Levántate , resplandece, porque ha llegado tu luz
Y la gloria del Señor ha amanecido sobre ti.
Porque tinieblas cubrirán la tierra
Y densa oscuridad los pueblos.
Pero sobre ti amanecerá el Señor,
Y sobre ti aparecerá Su gloria.
Y acudirán las naciones a tu luz,
Y los reyes al resplandor de tu amanecer.

Levanta tus ojos en derredor y mira:
Todos se reúnen, vienen a ti.
Tus hijos vendrán de lejos,
Y tus hijas serán llevadas en brazos.
Entonces lo verás y resplandecerás,
Y se estremecerá y se regocijará tu corazón,
Porque vendrá sobre ti la abundancia del mar,

Las riquezas de las naciones vendrán a ti.
Una multitud de camellos te cubrirá,
Camellos jóvenes de Madián y de Efa.
Todos los de Sabá vendrán,
Traerán oro e incienso,
Y traerán buenas nuevas de las alabanzas del Señor.
Todos los rebaños de Cedar serán reunidos para ti,
Los carneros de Nebaiot estarán a tu servicio.
Subirán como ofrenda agradable sobre Mi altar,
Y Yo glorificaré la casa de Mi gloria.
¿Quiénes son estos que vuelan como nubes,
Y como palomas a sus palomares?
Ciertamente las costas me esperarán,
Y las naves de Tarsis vendrán primero,
Para traer a tus hijos de lejos,
Y su plata y su oro con ellos,
Por el nombre del Señor tu Dios,
Y por el Santo de Israel porque Él te ha glorificado.

Extranjeros edificarán tus murallas,
Y sus reyes te servirán.
Porque en Mi furor te herí,
Pero en Mi benevolencia he tenido compasión de ti.
Tus puertas estarán abiertas de continuo.
Ni de día ni de noche se cerrarán,
Para que te traigan las riquezas de las naciones,

Con sus reyes llevados en procesión.
Porque la nación y el reino que no te sirvan, perecerán,
Y esas naciones serán completamente destruidas.
La gloria del Líbano vendrá a ti,
El ciprés, el olmo y el boj a una,
Para hermosear el lugar de Mi santuario.
Y Yo haré glorioso el lugar de Mis pies.
Vendrán a ti humillados los hijos de los que te afligieron,
Se postrarán a las plantas de tus pies todos los que te despreciaban,
Y te llamarán Ciudad del Señor,
Sión del Santo de Israel.

Por cuanto tú estabas abandonada y aborrecida,
Sin que nadie pasara por ti,
Haré de ti gloria eterna,
Gozo de generación en generación.
Y mamarás la leche de las naciones,
Mamarás al pecho de los reyes.
Entonces sabrás que Yo, el Señor, soy tu Salvador
Y tu Redentor, el Poderoso de Jacob
(Isa. 60:1-16).

Lecturas Adicionales

Todas las tesis y explicaciones anteriores pueden entenderse mejor si el lector se toma el tiempo de explorar mi libro exhaustivo *The Eternal People: God In Relation to Israel: Post-New Testament Israel* (vol. IV/1B de "An Evangelical Introduction to Reformational Theology," Jordan Station, ON, Canadá: Paideia Press, 2020), especialmente el Capítulo 9, "Israel and the Palestinians". En ese libro, hay numerosas referencias a otras publicaciones relevantes. Las fuentes de muchas de las tesis que he discutido aquí y las citas de otros también se mencionan en el libro.

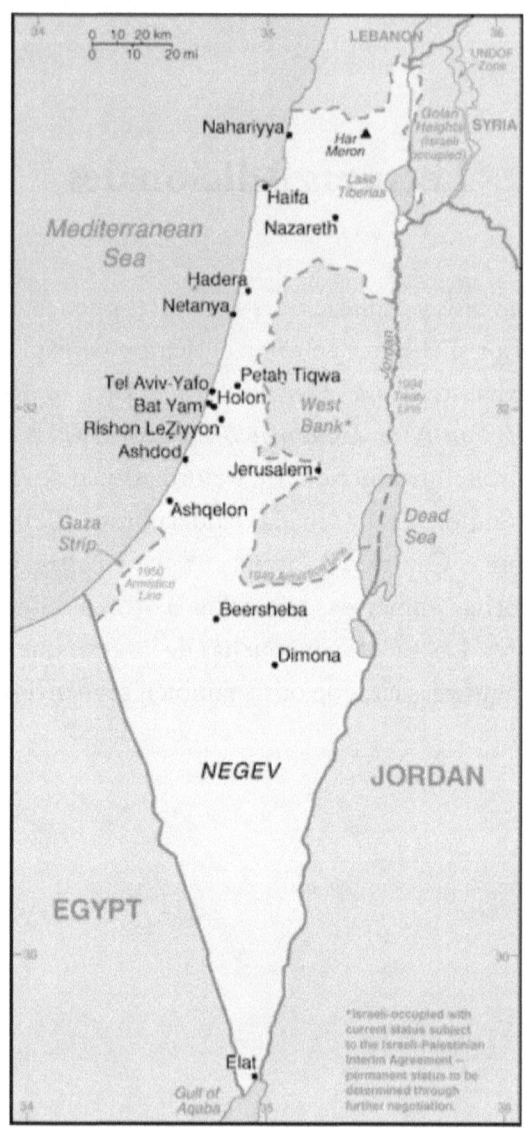

La tierra en tono más claro representa el territorio dentro de las fronteras de Israel al finalizar la guerra de 1948. Esta tierra es reconocida internacionalmente como perteneciente a Israel.

Sobre el Autor

Willem J. Ouweneel es profesor emérito de filosofía y teología sistemática en la Facultad de Teología Evangélica de Lovaina, Bélgica. Posee doctorados en Biología (Universidad de Utrecht, 1970), Filosofía (Universidad Libre de Ámsterdam, 1986) y Teología (Universidad de Orange Free State en Bloemfontein, 1993). Conocido conferencista y debatidor evangélico, el Dr. Ouweneel ha escrito numerosos libros, entre ellos *"Adam, Where Are You? And Why This Matters: A Theological Evaluation of the Evolutionist Hermeneutic," "The World is Christ's: A Critique of Two Kingdoms Theology," "The Heidelberg Diary: Daily Devotions on the Heidelberg Catechism,"* y la serie *"Academic Introductions for Beginners."*. Reside en los Países Bajos.

www.ingramcontent.com/pod-product-compliance
Lightning Source LLC
Chambersburg PA
CBHW032048290426
44110CB00012B/1004